Wyau Ieir

Jane Inglis a Bobbie Neate

Addasiad Cymraeg gan Gill a Glyn Saunders Jones

Mae'r llyfr hwn yn sôn am wyau mae ieir yn eu dodwy.
Does dim rhaid i chi ddarllen y llyfr hwn o glawr i glawr. Trowch at y tudalennau sydd o ddiddordeb i chi.

Cynnwys

Yr iâr a'r wy

Mae ieir yn dodwy wyau.

Mae wyau yn dda i'w bwyta.

Mae pobl yn bwyta llawer o wyau.

Mae wyau wedi cael eu defnyddio fel bwyd ers amser maith.

Byddwn yn defnyddio 29 miliwn o wyau ym Mhrydain bob dydd.
Mae'r wyau yn dod o 33 miliwn o ieir ar ffermydd dros y wlad.

🔺 Mae ieir yn hoffi dodwy wy mewn lle cynnes a diogel.

Siâp wy

Mae wy yn hirgrwn.
Mae'r siâp hirgrwn yn gwneud
yr wy yn gryf.

⬆ Dydy hi ddim yn hawdd torri'r plisgyn os gwasgwch wy fel hyn.

Mae wy yn llawer iawn cryfach nag yw'n edrych.
Nid yw'r plisgyn siâp hirgrwn yn torri wrth i chi ei wasgu yn galed.
Mae'r siâp hirgrwn yn cadw'r melynwy a'r gwynwy yn ddiogel.

Mae un pen i'r wy yn grwn a'r pen arall yn bigfain.
Mae'r siâp hwn yn help i'r wyau orwedd yn daclus gyda'i gilydd mewn nyth.

Mae ieir yn cael eu cadw i ddodwy wyau

Cafodd ieir eu dofi gan bobl filoedd o flynyddoedd yn ôl er mwyn cael wyau i'w bwyta. Roedd ieir yn cael eu magu i ddodwy llawer iawn o wyau.

 Mae'r rhan fwyaf o ieir yn byw gyda'i gilydd heb geiliog.

Nid adar gwyllt yw ieir.

Mae ieir dof yn dodwy wyau bron bob dydd.

Nid oes rhaid cael cyw y tu mewn i'r wyau yma.

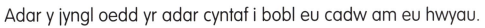 Adar y jyngl oedd yr adar cyntaf i bobl eu cadw am eu hwyau.

7

Mae wyau yn dda i ni

Tu mewn i'r wy mae'r holl fwyd sydd ei angen ar gyw bach i dyfu. Mae'r bwyd hwn yn dda i ni ei fwyta hefyd.

Mae llawer o anifeiliaid yn hoffi bwyta wyau.

Mae un rhan o ddeg o'r wy yn brotein. Mae angen protein arnom i dyfu.

Mae un rhan o bump o'r wy yn fraster. Mae angen braster arnom i roi egni i ni.

Mae wyau yn cynnwys fitaminau a mwynau hefyd. Mae angen y rhain arnom i gadw'n iach. Dŵr yw gweddill yr wy.

⬆ Mae wyau yn fwyd maethlon iawn.
Does dim angen bwyta mwy na phedwar wy yr wythnos.

Ble mae ieir yn byw?

Mae mwy nag un ffordd o gadw ieir. Mae rhai ffermwyr yn eu cadw yn rhydd y tu allan.
Mae rhai eraill yn eu cadw mewn cawell mewn sied fawr.

Mae'n hawdd edrych ar ôl yr ieir.
Mae'r wyau yn hawdd i'w casglu.
Gallaf werthu fy wyau yn rhad.

Bydd ffermwr batri yn cadw ei ieir mewn cawell.

Mae fy ieir i yn cael gwell bywyd.
Mae'r ieir yn rhydd i symud o gwmpas ac i chwilio am fwyd.
Mae'r wyau yn blasu'n well.
Mae fy nghwsmeriaid i yn barod i dalu mwy am yr wyau gan eu bod yn teimlo'n hapusach am yr ieir.

Mae'r ieir yn cael rhedeg o gwmpas yn rhydd.

Beth sydd y tu mewn i'r wy?

Tu mewn i'r plisgyn mae'r wy yn wlyb.
Pan fydd y plisgyn yn cael ei dorri mae'r wy yn llifo allan. Mae gwynwy a melynwy yn rhan o'r wy.

Craciwch yr wy ar hyd ochr y bowlen er mwyn ei dorri ar agor.

Dydy gwynwy amrwd ddim yn wyn.

Does dim lliw iddo.

Mae'r melynwy yn fwy trwchus na'r gwynwy.

⬆ Gallwch wahanu'r melynwy oddi wrth y gwynwy.

13

Sut rydych chi'n gwybod fod wy yn ffres?

Dyma brawf – rhowch ddŵr mewn powlen gan osod wy i mewn ynddi yn ofalus. Bydd wy ffres yn suddo i'r gwaelod. Bydd hen wy yn arnofio.

Mae'r wy hwn yn ffres.

Fel mae wy yn mynd yn hen mae peth o'r dŵr sydd yn yr wy yn anweddu drwy'r plisgyn. Bydd aer yn cymryd lle y dŵr. Felly mae hen wyau yn ysgafnach na wyau ffres gan fod aer yn ysgafnach na dŵr.

↑ Mae'r wy yma yn hen.

15

Coginio wyau

Edrychwch ar wy yn cael ei goginio.
Mae'r gwynwy yn coginio o flaen
y melynwy.

Gwyliwch oedolyn yn potsio wyau. Mae'r oedolyn yn arllwys yr wy
amrwd i mewn i'r potsiwr.
Mae dŵr berw yn y sosban. Bydd yr wyau yn coginio yn gyflym.

Fe welwch pam y byddwn yn dweud bod gwynwy yn wyn wrth edrych arno'n coginio.

Wyau wedi'u berwi

Nid oes angen torri'r wy cyn ei goginio.
Gall gael ei ferwi yn ei blisgyn.

Os bydd wy yn cael ei ferwi am bedwar munud bydd y gwynwy yn
troi yn galed a'r melynwy yn feddal. Os bydd yn cael ei ferwi am
fwy na hynny bydd y melynwy yn troi'n galed hefyd.

Mae wyau sydd wedi eu berwi'n galed yn dda i'w bwyta ar bicnic neu gyda phryd oer.

Chwythu gwynwy

Os byddwch yn chwythu gwynwy fe gewch gannoedd o swigod bach.

Beth am drio hyn eich hunan.
Rhowch wynwy mewn pot jam ac yna chwythwch trwy welltyn. Bydd y swigod aer yn creu ewyn fydd yn dringo i fyny ochr y pot jam.

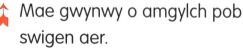 Mae gwynwy o amgylch pob swigen aer.

⬆ Curo gwynwy i wneud *meringue.*

Pa fwydydd sydd wedi eu gwneud gyda wyau?

Mae wyau yn cael eu defnyddio gyda chynhwysion eraill i wneud fflan neu darten sawrus *(quiche)*.

Mae llawer o gacennau a bisgedi yn cynnwys wyau.

Gallwch wneud omled gyda wyau a phob math o gynhwysion eraill.

Mae *mayonnaise* yn cael ei wneud gyda melynwy.

Mae *meringue* yn cael ei wneud trwy guro gwynwy ac ychwanegu siwgr.

22

Geirfa a ddefnyddir yn y llyfr hwn

Anweddu

Mae anweddu yn golygu bod dŵr wedi pasio drwy'r plisgyn i'r aer. Mae'r dŵr nawr mewn gronynnau bach. Mae'r gronynnau mor fach fel na ellir eu gweld.

Ewyn

Mae llawer o swigod aer mewn ewyn. Mae candi fflos yn ewynnog.

Fitaminau

Mae fitaminau i'w cael mewn bwyd. Mae angen fitaminau arnom i gadw'n iach.

Gwynwy

Gwynwy yw y rhan ddiliw sy'n llifo'n rhwydd. Mae yn amgylchynu'r melynwy.

Melynwy

Melynwy yw'r cylch melyn yng nghanol yr wy.

Mwynau

Mae angen mwynau ar ein corff. Maent i'w cael mewn bwyd.

Nyth

Mae nyth yn le diogel i aderyn ddodwy wy.

Potsio

Mae wy wedi'i botsio yn cael ei goginio mewn dŵr neu stêm. Mae'r wy yn cael ei goginio heb y plisgyn.

Protein

Mae protein i'w gael mewn bwyd. Mae angen protein ar ein corff i gadw'n iach ac i dyfu.

Mynegai